RÉPUBLIQUE FRANÇAISE

MINISTÈRE DE LA GUERRE.

INSTRUCTION MINISTÉRIELLE

DU 7 MAI 1891

CONTENANT CERTAINES DISPOSITIONS SPÉCIALES

RELATIVES A

L'ADMINISTRATION DES MILITAIRES

DE L'ARMÉE TERRITORIALE

CONVOQUÉS EN TEMPS DE PAIX

PARIS	LIMOGES
11, place Saint-André-des-Arts.	46, Nouvelle route d'Aixe, 46.

IMPRIMERIE ET LIBRAIRIE MILITAIRES

Henri CHARLES-LAVAUZELLE

Éditeur.

1891

MINISTÈRE DE LA GUERRE

INSTRUCTION MINISTÉRIELLE

CONTENANT CERTAINES DISPOSITIONS SPÉCIALES

RELATIVES A

L'ADMINISTRATION DES MILITAIRES

DE L'ARMÉE TERRITORIALE

CONVOQUÉS EN TEMPS DE PAIX

Paris, le 7 mai 1891.

L'instruction du 12 février 1878, sur l'administration des corps de troupe de l'armée territoriale, devait, suivant son article 2, être applicable jusqu'à la revision des règlements d'administration et de comptabilité des corps de troupe de l'armée active. Cette revision est maintenant complète. Les décrets du 14 janvier 1889 et du 29 mai 1890 contiennent les dispositions générales en vigueur pour l'armée territoriale.

D'autre part, l'édition refondue de 1888 du décret du 12 juin 1867, sur les frais de route, renferme les règles d'allocations de l'indemnité de route applicables à l'armée territoriale.

En outre, les tarifs de solde et d'indemnité de route ont été également remaniés par les décrets du 27 décembre 1890.

Mais certaines dispositions spéciales applicables à l'armée territoriale n'ont pu trouver place dans ces règlements ; elles sont indiquées dans la présente instruction. Les unes ne sont que la reproduction des règles en vigueur; les autres constituent une simplification dans la comptabilité, notamment en ce qui concerne l'administration des escadrons territoriaux de cavalerie et des unités administratives; pour ces dernières, les modifications apportées aux modèles aujourd'hui en vigueur (bons numériques, feuilles de prêt, contrôles nominatifs remplaçant le livre de détail, situation administrative, feuilles de journées) faciliteront considérablement la tâche des commandants de compagnie.

Ces dispositions sont les suivantes :

§ 1er. — *Transports par voies ferrées.*

Art. 1er. Les hommes qui ont à faire usage des voies ferrées pour se rendre à leur première destination sont admis à voyager à prix réduit, sur la présentation de leur livret contenant la feuille spéciale ou le récépissé tenant lieu éventuellement de livret ou d'ordre d'appel individuel ; mais ont seuls droit à ce transport à prix réduit, les hommes partant de leur domicile légal ou de la résidence régulièrement déclarée par eux à la gendarmerie ou de la localité où ils se trouvent quand ils ont été régulièrement autorisés à voyager en France.

Tout homme se présentant aux gares sans l'une des pièces ci-dessus indiquées, ou partant d'un point autre que son domicile légal ou sa résidence déclarée, ou se détournant de la voie la plus directe, ne peut prétendre au transport à prix réduit sur les chemins de fer. Toutefois, le paiement de l'indemnité de transport à prix réduit lui est fait par rappel à son arrivée au lieu de réunion ainsi qu'il est dit au § 2 ci-après.

Les mesures nécessaires sont prises pour que le bénéfice du tarif réduit ne puisse être refusé aux militaires retenus sous les drapeaux pour maladie, punitions, etc., après la période d'instruction.

Les officiers ont droit, sur la présentation de leur ordre de convocation, au transport à prix réduit sur les voies ferrées. Ceux d'entre eux qui, en raison de leur grade, seraient montés s'ils appartenaient à l'armée active, peuvent être autorisés par les commandants de corps d'armée à emmener un seul cheval avec eux, quel que soit leur grade. L'Etat prend à sa charge le transport de ces chevaux par voie de fer, à condition que l'autorisation de les emmener soit spécialement mentionnée sur l'ordre de convocation des officiers auxquels ils appartiennent (avec indication sommaire du signalement), que le parcours soit d'au moins 60 kilomètres par la voie de terre et que les chevaux soient accompagnés d'un militaire ou que le possesseur voyage dans le même train. Les officiers doivent se faire délivrer, par le sous-intendant militaire, une feuille de route avec un bon de chemin de fer destiné à assurer le transport des chevaux aux frais de l'Etat.

Les militaires de l'armée territoriale qui accompagnent sur les voies ferrées les chevaux des officiers territoriaux dûment autorisés à emmener leur monture reçoivent l'indemnité journalière exceptionnelle fixée à 2 fr. 50 par jour (1).

______

(1) Voir le décret du 12 juin 1867, sur le service des frais de route, édition de 1888 ; tarif n° 1 *bis*).

§ 2. — *Indemnité de route.*

Droit des officiers.

Art. 2. Le droit des officiers à l'indemnité de route est déterminé, d'une manière générale, par le règlement du 12 juin 1867, modifié par le décret du 19 juin 1888 (édition de 1888), sauf en ce qui concerne l'allocation de l'indemnité de séjour qui ne se cumule jamais avec la solde. Le taux des allocations est le même que celui fixé par le tarif du 27 décembre 1890 pour les officiers de même grade ou assimilés de l'armée active absents temporairement de leur résidence.

Convocations pour périodes d'instruction, stages, conférences et cours pratiques sur le service des étapes, grandes manœuvres, exercices à feu, pour être inspectés, etc.

Art. 3. Les officiers convoqués pour des périodes d'instruction, etc., ne cumulent jamais la solde avec l'indemnité de route qui leur est acquise pour les journées d'aller et de retour.

Indépendamment du cas général de restriction posé par le deuxième alinéa de l'article 19 du règlement précité du 12 juin 1867, l'indemnité fixe ne leur est jamais allouée lorsque, d'après l'ordre de convocation, ils ne doivent pas être absents plus de trois jours de leur résidence.

En conséquence, l'officier déplacé pour trois jours ne reçoit que la solde pour la journée de séjour passée au lieu de convocation, et que l'indemnité de route, à l'exclusion de l'indemnité fixe, pour les deux autres journées.

Si l'officier est convoqué au lieu même de sa résidence pour assister à une conférence ou être inspecté, il n'a droit à aucune allocation de route ou de solde.

Officiers appelés en témoignage devant un conseil de guerre ou d'enquête, ou traduits en conseil de guerre ou d'enquête.

Art. 4. Dans ce cas seulement, l'indemnité de route due pour les journées d'aller et de retour n'est pas exclusive de la solde, lorsque le voyage et la séance ont lieu dans la même journée.

Officiers convoqués pour subir une punition disciplinaire.

Art. 5. Les officiers ont droit à l'indemnité de séjour pour toute la durée de la punition et à l'indemnité de route pour l'aller et le retour.

DISPOSITIONS GÉNÉRALES.

Lorsque, pour rentrer dans leurs foyers, les officiers venant d'outre-mer en France sont obligés d'attendre plusieurs jours au port d'embarquement, ils ont droit, pendant ce temps, à l'indemnité de séjour.

Les officiers qui demandent à faire un stage dans une place autre que celle qu'ils doivent rejoindre en cas de mobilisation n'ont droit qu'à une indemnité de route au plus égale à celle qui leur serait due s'ils se rendaient dans cette dernière place.

Les officiers ont la faculté de percevoir l'indemnité qui leur est due, soit d'avance, soit dans toutes les résidences de sous-intendant militaire ou de suppléant, soit par voie de rappel, par le sous-intendant militaire, au point de réunion. Cette indemnité leur est ordonnancée sur le vu de leur ordre de convocation qui leur tient lieu de feuille de route. Elle doit toujours être réclamée dans un délai de quinze jours après l'arrivée à destination. Passé ce délai, le rappel ne peut être autorisé que par une décision spéciale du Ministre.

Droit des hommes de troupe.

Art. 6. Le droit des hommes de tróupe est déterminé par le décret du 29 janvier 1879, la circulaire du 8 avril 1879, §§ 1er à 4, applicables à l'armée territoriale; la circulaire du 15 juillet 1881 et les notes ministérielles des 9 mars 1888 (1), 12 avril 1889 (*Bulletin Officiel*, partie réglementaire. page 796) et 14 décembre 1889 (*Bulletin Officiel*, partie réglementaire, page 1631).

Pour les hommes fixés à l'étranger, les parcours effectués sont calculés comme s'ils partaient du chef-lieu de la subdivision de région dont fait partie la localité près de laquelle ils franchissent la frontière (en suivant l'itinéraire normal) et se rendaient au chef-lieu de la subdivision de région dans laquelle se trouve le point à rejoindre.

Pour les hommes voyageant à l'étranger, comme s'ils n'avaient pas quitté leur domicile légal ou leur résidence déclarée. Le décompte des indemnités s'établit conformément aux prescriptions des articles 1er, 2, 3 et 5 du décret du 29 janvier 1879 précité.

Les hommes qui se sont vu retirer le bénéfice du transport au quart du tarif et ont payé place entière pour les motifs énoncés au § 1er ci-dessus, reçoivent l'indemnité kilométrique comme s'ils avaient voyagé à prix réduit, dans les conditions déterminées au point de vue du droit par les règlements en vigueur.

Par conséquent, tout homme partant d'un point autre que son domicile légal ou sa résidence régulière déclarée n'a droit qu'à l'indemnité calculée d'après la situation de ce domicile ou de cette résidence.

En Algérie, les hommes convoqués pour les appels sont traités

---

(1) Voir ces divers documents au décret du 12 juin 1867 (édition de 1888. annexe n° 1).

d'après les règles adoptées par la décision ministérielle du 29 janvier 1888 (7° appendice au règlement du 12 juin 1867).

Les allocations de route auxquelles les hommes ont droit leur sont payées par rappel, dès leur arrivée à leur première destination. L'exception à ce principe est déterminée par la circulaire du 8 avril 1879 précitée.

Etablissement des listes nominatives portant décompte des indemnités dues.

Art. 7. Dès que le Ministre a fait connaitre les corps ou fractions de corps et les classes qui doivent être convoquées, les commandants de bureau de recrutement font établir, par le personnel chargé spécialement du service de l'armée territoriale, pour chaque corps ou fraction de corps, deux listes nominatives des hommes appelés, en suivant l'ordre des numéros d'inscription au répertoire.

La première liste, conforme au modèle n° 139 A des imprimés de la nomenclature de la guerre, comprend tous les hommes qui doivent rejoindre directement le point de réunion. Elle est, pour les régiments d'infanterie, établie en deux expéditions.

La seconde liste, conforme au modèle n° 139 B, porte les hommes qui doivent passer par le bureau de recrutement.

Destination de la liste n° 139 A et des extraits qui en sont faits.

1° INFANTERIE.

Art. 8. Pour les régiments d'infanterie, le capitaine-major subdivisionnaire fait établir, pour chaque compagnie, des extraits de cette liste. Il remet ensuite ces extraits et les deux listes à son officier adjoint.

Ce dernier remet les listes au sous-intendant militaire du chef-lieu de la subdivision de région ou à son suppléant qui, la veille du jour fixé pour la réunion, en ordonnance le montant au titre du régiment et au nom du chef de corps chargé de recevoir les fonds.

Les extraits de la liste sont adressés directement au chef de corps.

2° CAVALERIE, ARTILLERIE, GÉNIE ET TRAIN DES ÉQUIPAGES MILITAIRES.

En ce qui concerne les armes autres que l'infanterie, le capitaine-major régional dresse, par corps, en deux expéditions, à l'aide des tableaux nominatifs établis par les commandants de recrutement, une liste récapitulative, conforme au modèle n° 139 A, des hommes qui rejoignent directement.

Il en fait faire des extraits par compagnie, escadron ou batterie et envoie les deux expéditions de ladite récapitulation par corps au sous-intendant militaire du lieu de réunion ou de la résidence la plus voisine, ou à son suppléant ; ce fonctionnaire en ordonnance le montant au profit du corps et au nom du commandant de ce corps.

Quant aux extraits de la liste, ils sont envoyés par le capitaine-major régional au commandant du corps.

Dispositions spéciales aux hommes mis exceptionnellement en subsistance dans les corps de l'armée active et aux unités de l'armée territoriale administrées par les mêmes corps.

Art. 9. Les extraits de la liste nominative mentionnée plus haut sont adressés en double expédition par le capitaine-major régional au commandant du corps de l'armée active qui reçoit les subsistants ou qui administre les fractions de corps de l'armée territoriale ; ces corps demeurent chargés de payer les frais de route qui sont dus aux hommes tant pour rejoindre le corps que pour rentrer dans leurs foyers.

Destination de la liste n° 139 B.

Art. 10. Pour se procurer les fonds nécessaires au payement des sommes dues aux hommes qui passent par le chef-lieu de la subdivision de région, le commandant du bureau de recrutement, dès que les listes n° 139 B sont établies, prépare, en deux expéditions, un état récapitulatif modèle n° 1 ci-annexé, à l'appui duquel il met un exemplaire de chacune de ces listes.

Cet état, qui indique, pour chaque corps de troupe, la somme totale à payer aux hommes qui lui sont affectés, est mandaté la veille du jour fixé pour l'arrivée des hommes, par le fonctionnaire de l'intendance ou son suppléant, au titre du bureau de recrutement et au nom du commandant de ce bureau, qui en perçoit immédiatement le montant.

Payement des indemnités aux hommes qui rejoignent directement.

Art. 11. Dès son arrivée au centre d'instruction, le chef de corps se rend chez le sous-intendant militaire, ou, à défaut, chez son suppléant, de l'arrondissement administratif, pour recevoir la deuxième expédition de la liste nominative et le mandat dont il perçoit immédiatement le montant.

Cela fait, le chef de corps ou d'unité constituée remet à chacun des commandants d'unités la somme qui lui est nécessaire pour payer les indemnités dues d'après l'extrait de liste qui le concerne.

Toutes ces opérations doivent être terminées, au plus tard, la veille de l'arrivée des hommes, afin que ceux-ci soient payés de leurs frais de route aussitôt après leur arrivée. Si, pour un motif quelconque, un ou plusieurs hommes n'ont pas été compris sur la liste nominative, leurs droits sont examinés d'urgence et la somme qui leur est due est avancée, au besoin, par les capitaines ou par la caisse du corps. Le montant en est prélevé sur les ressources mises à la disposition des capitaines, soit au titre de la solde, soit au titre de l'indemnité de route, et non employées ; à défaut de ces ressources. les avances sont faites par la caisse du corps. Pour le remboursement de cette somme, il est établi une liste nominative complémentaire.

Dès que les commandants d'unités ont effectué le payement des indemnités, ils remettent au trésorier ou à l'officier qui en remplit les fonctions l'extrait de la liste nominative et la somme restée sans emploi.

Le trésorier récapitule les sommes ainsi restées disponibles dans chaque unité et en opère immédiatement le reversement au Trésor. Le récépissé constatant cette opération est envoyé, sans retard, au sous-intendant militaire qui a fait l'ordonnancement et qui est chargé de le faire parvenir au Ministre (*Direction des Services administratifs ; Bureau de la Solde et de l'Indemnité de route*).

Payement des indemnités aux hommes passant par le bureau
de recrutement.

Art. 12. A leur arrivée au bureau de recrutement, les hommes sont classés par corps d'après les listes, puis formés en détachements.

Après avoir indiqué, sur l'exemplaire de la liste qui doit rester entre ses mains, les hommes qui ne répondent pas à l'appel, et les avoir biffés sur l'exemplaire destiné au chef du détachement, le commandant du bureau de recrutement fait, sur ce dernier exemplaire, le total des sommes dues aux hommes présents. Il en remet le montant au chef de détachement, y joint l'exemplaire de la liste, la feuille de route collective et, s'il y a lieu, les bons de chemin de fer délivrés par le sous-intendant militaire ou son suppléant. Le chef de détachement donne reçu de la somme qui lui est remise sur l'exemplaire de la liste qui doit rester au bureau de recrutement.

Le chef de détachement distribue aux intéressés, séance tenante et sous la surveillance du commandant du bureau de recrutement, les sommes qui leur sont dues jusqu'au jour inclus où ils se sont présentés audit bureau.

Les hommes reçoivent ensuite, chaque matin, pendant la route, de leur chef de détachement, le montant de leur indemnité journalière (1 fr. 25).

Les dispositions ci-dessus sont applicables aux retardataires qui sont dirigés sur un corps déterminé en nombre suffisant pour former détachement.

Les hommes (présents à l'appel ou retardataires) qui se rendent isolément du bureau de recrutement à leur corps reçoivent du commandant de ce bureau, dès leur arrivée, le total des frais de route auxquels ils ont droit pour aller du chef-lieu de canton de leur domicile au corps d'affectation.

Lorsque la période d'instruction est terminée, le commandant du bureau de recrutement, pour justifier des payements effectués par ses soins, remet au fonctionnaire de l'intendance ou au suppléant ordonnateur les différentes listes; l'ordonnateur prépare, s'il y a lieu, au moyen de ces éléments, l'ordre de reversement au Trésor des sommes restées sans emploi. Dès que le commandant du bureau de recrutement a opéré ce reversement, il envoie le récépissé au sous-intendant militaire, qui le transmet au Ministre (*Direction des Services administratifs; Bureau de la Solde et de l'Indemnité de route*).

Chaque chef de détachement, à son arrivée au corps, justifie des payements qu'il a faits pendant la route. A cet effet, il remet au trésorier ou à l'officier qui en fait fonctions, en même temps que la feuille de route, la liste nominative émargée par lui, ainsi que les sommes qui n'auraient pas été payées aux hommes par suite de mutations survenues pendant la route. Les sommes non employées sont immédiatement reversées au Trésor, à la diligence du trésorier qui fait viser le récépissé constatant cette opération par le sous-intendant militaire chargé de la surveillance administrative du corps. Ce récépissé et la liste nominative sont ensuite adressés au commandant du bureau de recrutement de la subdivision de région d'où le détachement est parti, et cet officier remet ces documents à l'ordonnateur qui transmet les récépissés au Ministre.

Payement des indemnités pour le retour.

1° OFFICIERS.

Art. 13. Le chef de corps ou de détachement adresse au sous-intendant militaire ou à son suppléant, la veille du départ des officiers, une invitation de feuilles de route.

Ce fonctionnaire établit sans retard, pour chaque officier, une feuille de route et un mandat portant décompte de la somme due au titulaire à titre d'indemnité de route et envoie ces documents au corps.

2° HOMMES DE TROUPE.

Afin de se procurer les fonds nécessaires au payement des indemnités dues aux hommes de troupe, chaque corps de troupe établit, en double expédition, au moyen des listes qui lui ont été envoyées par les commandants de bureau de recrutement, une liste générale, modèle n° 141 de la nomenclature, de tous les hommes présents.

Cette liste est remise au sous-intendant militaire ou à son suppléant, l'avant-veille du jour fixé pour le départ des hommes. Ce fonctionnaire vérifie, sans retard, les indications portées sur cette liste et en ordonnance le montant, au plus tard, la veille du départ.

Le trésorier, après avoir perçu la somme ordonnancée, remet à chacun des commandants d'unités un extrait de la liste et la somme qui lui est nécessaire pour payer les indemnités.

Les sommes non employées pour cause de mutations ou pour tout autre motif sont reversées au Trésor, ainsi qu'il est dit ci-dessus.

Aucun prélèvement ne doit être fait sur l'indemnité de route sous le prétexte que l'homme a été nourri au corps le jour de son départ. En effet, il suffit qu'un homme ait été renvoyé après l'heure du premier repas pour qu'il ait droit à la solde le jour de son renvoi.

La deuxième liste générale (modèle n° 141) est jointe à ce récépissé.

Registre de route.

Art. 14. Il n'est pas tenu de registre de route dans les corps de l'armée territoriale.

Les corps de l'armée active qui ont des territoriaux en subsistance ou auxquels sont rattachés, pour l'administration, des corps ou fractions de corps de l'armée territoriale, établissent un état des indemnités payées distinct (extraits du registre de route) et relatif aux sommes avancées par la caisse du corps pour le payement de l'indemnité de route due aux intéressés.

§ 3. — Solde.

Décompte du droit.

Art. 15. Le décret du 29 mai 1890, article 10, positions n° 54 et suivantes, détermine les règles d'allocation de la solde pour les convocations en temps de paix.

Les officiers venant d'outre-mer en France ont droit à la solde à partir du lendemain de leur arrivée au centre d'instruction, lors même qu'ils s'y trouveraient avant l'époque déterminée pour la convocation.

Les tarifs de solde du 27 décembre 1890 sont applicables à l'armée territoriale dans les conditions déterminées par les règlements.

Les officiers touchent la solde nette prévue au tarif. Cette solde ne figure pas dans les revues avec les sommes servant de base à l'ordonnancement du 5 p. 100 au profit du Trésor.

Comment est perçue la solde.

Art. 16. La solde des officiers et les indemnités qui leur sont dues sont perçues par le trésorier pour toute la période d'instruction, la veille de leur départ pour rentrer dans leurs foyers, ainsi que les allocations de ceux qui sont retenus après le départ normal pour rendre leurs comptes.

La solde et les indemnités des hommes de troupe sont perçues, par avance, pour toute la période d'exercices, mais distinctement pour chacune des séries.

Le conseil d'administration n'étant pas encore formé lors de l'appel de la première série, c'est au chef de corps ou de détachement qu'incombe le soin de percevoir les prestations allouées aux hommes. Pour le mettre à même d'établir l'état collectif, le capitaine-major régional ou de la subdivision de région, suivant le cas, adresse à chaque chef de corps ou de détachement, dès que la réunion est décidée par le Ministre, un état numérique et par grade des hommes de troupe appelés à cette réunion. Dès que le chef de corps ou de détachement a reçu cet état numérique, il prépare l'état collectif nécessaire pour les hommes convoqués. Le décompte des sommes à percevoir est détaillé sur l'état de solde modèle n° 10, annexé au décret du 29 mai 1890, au recto de ce modèle, au titre : « Augmentations ».

Cet état est soumis à l'ordonnancement du sous-intendant militaire, soit du point de réunion, soit de la résidence la plus voisine suivant le cas, et par celui-ci au visa du trésorier-payeur général, dans la matinée de l'avant-veille du jour fixé pour l'arrivée des cadres, de manière que la perception puisse en être faite, sur l'acquit des officiers précités, la veille ou au plus tard le jour de l'arrivée de ces cadres.

Le chef de corps ou de détachement remet le montant de l'état de solde au conseil dans la séance d'installation de celui-ci. Mention en est faite par le sous-intendant militaire au procès-verbal. Jusqu'à ce moment, le chef de corps ou de détachement demeure seul responsable du montant dudit état de solde.

Dans le cas où les fonds perçus d'après l'état collectif préparé par le chef de corps ou de détachement ne seraient pas suffisants pour payer la solde et les indemnités dues aux hommes, il est établi un deuxième état collectif, s'il y a nécessité absolue ; dans le cas contraire, la somme perçue en moins est comprise sur l'état des officiers.

Il est fait un état de solde unique pour toutes les parties d'un corps réunies sous une même administration.

Le trésorier restant le même pour les séries convoquées, les sommes qui n'auraient pas été employées à la fin d'une série seront conservées et viendront en déduction des besoins de la série suivante.

Contrôle nominatif.

Art. 17. Dès que le Ministre a fixé la date de la réunion, les capitaines-majors remettent ou envoient, en temps opportun, les livrets matricules des hommes convoqués, soit au chef de corps pour les portions de corps réunies dans une même garnison et placées sous leur commandement, soit aux commandants des fractions de corps s'administrant séparément. Ces livrets qui doivent, en tout temps, être classés par compagnie, escadron ou batterie, sont accompagnés d'une liste nominative également par compagnie, escadron ou batterie, destinée à faire connaître à chaque capitaine commandant les noms des hommes qui doivent être placés sous ses ordres.

Aussitôt l'arrivée des capitaines commandants, les chefs de corps leur remettent les livrets matricules des hommes convoqués de leur unité et la liste nominative de ces hommes. De son côté, le trésorier leur remet les imprimés de contrôle.

A l'aide de ces documents, chaque capitaine fait établir le contrôle nominatif des hommes de son unité.

Les capitaines-majors doivent faire parvenir au corps de l'armée active les livrets matricules des hommes de l'armée territoriale que ces corps reçoivent en subsistance ; ceux-ci leur renvoient ensuite les livrets.

Situations administratives.

Art. 18. Les situations administratives sont envoyées, le jour même de leur établissement, au sous-intendant militaire.

Feuilles de journées.

Art. 19. Les feuilles de journées sont remises au trésorier le jour du départ des hommes ; elles sont envoyées immédiatement au sous-intendant militaire.

§ 4. — *Administration.*

Feuille d'émargement.

Art. 20. Lorsque la période chevauche sur deux mois différents, il n'est néanmoins établi qu'une seule feuille d'émargement pour le paiement du traitement des officiers, alors même que ces deux mois appartiennent à deux trimestres différents.

Registre-journal des recettes et dépenses.

Art. 21. A la fin de la dernière période d'exercices, le registre-journal des recettes et dépenses est arrêté *ne varietur* et le restant en caisse est versé immédiatement au Trésor.

Timbres. — Caisses de fonds. — Registres de comptabilité.

Art. 22. Les timbres des conseils, les caisses de fonds, les boîtes à livrets et les divers registres de comptabilité sont remis ou adressés aux corps intéressés par les capitaines-majors régionaux ou subdivisionnaires ou par les corps de l'armée active, si ceux-ci en sont restés détenteurs à la clôture de la réunion précédente.

Les registres délivrés aux corps de l'armée territoriale pour y inscrire les opérations auxquelles donnent lieu leur administration et leur comptabilité pendant les appels annuels sont les suivants :

Par régiment d'infanterie ou pour chaque corps organisé sous le titre de bataillon ou escadron; par portion de corps composée au moins de six compagnies ou de trois escadrons et administrées par un conseil :

Registre
- des délibérations ;
- journal des recettes et dépenses ;
- des distributions de vivres et fourrages ;
- de correspondance ;
- d'officier de casernement ;
- de vaguemestre.

Un carnet de caisse.

Par bataillon formant corps administré par l'officier commandant :

Registre
- journal des recettes et dépenses ;
- des distributions de vivres et fourrages ;
- de correspondance ;
- d'officier de casernement ;
- de vaguemestre.

Par batterie d'artillerie, par compagnie du génie ou du train, par section de commis et ouvriers d'administration ou d'infirmiers :

Un registre-journal des recettes et dépenses ;
Un registre de vaguemestre.

En outre, chaque compagnie d'infanterie, chaque escadron de cavalerie, chaque batterie d'artillerie, chaque campagnie du génie ou du train et chaque section doit recevoir :

Un livret d'ordinaire ;
Un registre d'ordres et une couverture de carnet de comptabilité.

Cette couverture n'est pas renouvelée lors de sa mise hors de service ; elle est remplacée par une couverture en papier bulle fournie par le trésorier.

Les chefs de corps, majors et officiers payeurs se procurent, au moyen de leur indemnité pour frais de bureau, les imprimés qui leur sont nécessaires.

Les trésoriers ou les officiers en remplissant les fonctions ont à leur charge les imprimés nécessaires aux compagnies et escadrons (situations-rapports, s'il y a lieu, et les modèles 3, 4, 5 et 6 ci-annexés). Ils payent à chacun des sergents-majors ou maréchaux des logis chefs une indemnité de frais de bureau fixée à 0 fr. 10 par jour.

Les corps de l'armée active fournissent les registres nécessaires à l'armée territoriale. Pour le remboursement de leurs dépenses soit d'achat, soit de transport de registres, ils établissent, sans retard, un état présentant le relevé de ces dépenses. Cet état, vérifié par les fonctionnaires de l'intendance, est adressé au Ministre (*Direction de l'Infanterie, Bureau des Réserves et de l'Armée territoriale*).

Inscription de la période d'exercices.

Art. 23. Il est fait mention de la période d'exercices, savoir :

1° Sur les feuillets matricules, par les capitaines-majors, faisant fonctions de major, pour tous les hommes réunis dans un même corps, à l'exception de ceux qui ne leur appartiennent pas ;

2° Sur le répertoire général des corps, par les capitaines-majors faisant fonctions de majors ;

3° Sur les contrôles spéciaux et sur les registres matricules du recrutement, par les mêmes officiers faisant fonctions d'officiers de recrutement ;

4° Sur les livrets matricules et individuels, par les commandants d'unités qui ont administré les hommes.

En ce qui concerne les hommes instruits dans un autre corps que celui auquel ils sont affectés, l'inscription de la période d'instruction est faite sur les feuillets et livrets matricules, ainsi que sur le répertoire général, par les capitaines-majors chargés de l'administration des corps d'affectation et sur les livrets individuels, par le corps instructeur, comme il a été dit plus haut.

Les livrets matricules et individuels pour les soldats font mention des dispenses ou ajournements obtenus, avec les motifs sommaires.

§ 5. — *Subsistances militaires et chauffage.*

Fourrages.

1° Droit des chevaux emmenés par les officiers.

Art. 24. Le droit aux rations de fourrages pour les chevaux emmenés par les officiers ne commence que du jour de l'entrée en solde de ces officiers. Il cesse en même temps que le droit à la solde des possesseurs de ces animaux.

Par modification à ces dispositions, les rations de fourrages sont acquises pour le cheval amené par les lieutenants-colonels des régiments d'infanterie, lorsque ce cheval sera laissé dans la garnison pendant l'intervalle de deux séries d'unités convoquées, que le possesseur de l'animal soit ou non présent au lieu de convocation pendant cet intervalle.

2° Chevaux prêtés par les corps de troupe de l'armée active.

Les chevaux prêtés par les corps de l'armée active continuent d'être nourris par les soins des corps de l'armée active qui les ont prêtés, de telle sorte que les corps de l'armée territoriale n'ont, pour ces chevaux, ni bons à établir, ni perceptions à faire, ni justifications à produire.

Chauffage.

Art. 25. Le chauffage auquel ont droit les corps de l'armée territoriale leur est fourni par le corps actif. Le corps actif se crédite, dans sa feuille de journées de chauffage, des droits acquis par le corps territorial et fait mention, à l'arrêté de cette feuille, de la somme comprise dans son total, applicable à l'armée territoriale.

§ 6. — *Habillement, grand équipement, effets de petit équipement, de cuisine et de pansage.*

1° Mesures générales.

Art. 26. En ce qui concerne l'habillement et l'équipement des hommes convoqués, les corps actifs et territoriaux doivent se reporter et se conformer aux prescriptions des articles 68 à 76 du règlement du 16 novembre 1887 – 18 mars 1889 et, en outre, aux dispositions suivantes :

Un mois au moins avant la convocation, les généraux de brigade désignent les corps ou fractions de corps actifs qui seront chargés de fournir les effets nécessaires et leur indiquent le nombre des hommes de chaque grade à pourvoir, ainsi que les points sur lesquels les effets doivent être réunis. Ils désignent, en même temps, les corps ou fractions de corps actifs qui seront chargés de délivrer, à titre provisoire, des effets aux gradés de l'armée territoriale, appelés dans les bureaux de recrutement, pour former les cadres de conduite des détachements.

Les capitaines-majors subdivisionnaires et les capitaines-majors régionaux font connaître directement, et le plus tôt possible, aux chefs de corps actifs désignés, le nombre d'hommes de chaque grade qui doivent arriver munis d'effets. Ils fournissent ces renseignements d'après les indications portées sur les livrets matricules et distinctement pour chaque compagnie, escadron ou batterie.

Les chefs de corps ou de détachement de l'armée active, désignés comme il vient d'être dit, arrêtent la répartition numérique des hommes à pourvoir entre les fractions de leur troupe (article 71 de l'instruction du 16 novembre 1887-18 mars 1889).

Les commandants de compagnie, d'escadron ou de batterie prélèvent les effets à livrer sur les ressources de la collection d'instruction de leur unité. Les effets destinés aux sous-officiers doivent être choisis parmi les meilleurs de cette collection et, si cela est possible, parmi ceux de la collection d'extérieur.

Dans tous les cas, les effets doivent être convenables et en bon état (observations préliminaires et article 46 de l'instruction du 16 novembre 1887-18 mars 1889).

Pour tenir compte des difficultés d'essayage, il est remis aux corps territoriaux un nombre d'effets supérieur d'un dixième à l'effectif des hommes à pourvoir. Les chefs de corps actifs prennent, d'ailleurs, pour assurer l'habillement des hommes de taille exceptionnelle, les dispositions prescrites par l'article 73 de l'instruction du 16 novembre 1887-18 mars 1889.

Les écussons au numéro du corps actif, qui sont cousus sur les effets, ne sont pas changés. Les commandants des unités actives remettent aux unités territoriales les galons et autres insignes distinctifs nécessaires pour en pourvoir les effets destinés aux sous-officiers, aux caporaux ou brigadiers, aux tambours, clairons ou trompettes. Ces marques distinctives de grade ou d'emploi sont prélevées sur les ressources de la collection d'instruction des unités actives. Celles-ci sont chargées de les faire coudre.

Les commandants des unités territoriales font imprimer sur la doublure des effets le numéro matricule de l'homme. Ils reçoivent des commandants des unités actives les boites à marques nécessaires.

Lors de la réintégration, le numéro matricule est biffé par les soins de l'unité active qui a fourni les effets.

Les gradés de l'armée territoriale, désignés comme cadres de conduite, doivent être pourvus d'effets militaires, munis des insignes de leur grade. S'ils ne sont pas détenteurs d'effets, il leur est délivré un pantalon, une tunique (une capote ou un dolman) et un képi par un corps de troupe stationné dans la place où le détachement est formé ou par un corps stationné à proximité de cette place et désigné par le général commandant le corps d'armée. Ces effets sont délivrés sur la présentation d'un bon, qui est remis aux gradés à habiller par le commandant du bureau de recrutement. A l'arrivée de ces gradés dans la place où ils doivent accomplir leur période d'instruction, les effets dont ils ont été pourvus provisoirement sont remplacés par d'autres et renvoyés, aux frais de l'Etat, aux corps qui les ont prêtés, par les soins du corps territorial auquel ces gradés appartiennent.

Des effets d'habillement neufs, du modèle réglementaire, peuvent être remis aux hommes qui en font la demande et qui consentent à en verser immédiatement la valeur à la masse d'habillement du corps actif. Ces effets sont prélevés, soit sur l'approvisionnement du corps, soit sur ceux des compagnies, escadrons ou batteries. Dans le premier cas, leur valeur est remboursée au fonds commun; dans le second, au fonds particulier des unités qui les ont fournis. Ces effets sont inscrits sur les livrets matricules des hommes et emportés par eux après la période d'instruction.

2° Habillement.

Art. 27. Les hommes de l'armée territoriale qui ont été renvoyés dans leurs foyers avec des effets militaires sont tenus de les rapporter en bon état au moment des périodes d'instruction. Les commandants des unités territoriales s'assurent que cette obligation est observée et que les effets sont inscrits sur les livrets matricules des hommes. Si cette inscription n'a pas été faite, l'omission est réparée pendant la période de convocation.

Ceux de ces effets dont les pointures ne sont plus à la taille des hommes sont échangés à l'arrivée au corps contre d'autres effets convenant à cette taille. Ces derniers effets sont laissés aux hommes lors de leur renvoi dans leurs foyers, et ceux qu'ils ont remplacés sont remis à l'unité active qui a fourni les effets de remplacement.

Les hommes qui ont servi dans des corps d'Afrique et qui, convoqués dans un régiment de France, apportent des effets à l'uniforme de leur corps d'origine reçoivent, si le général commandant la brigade le prescrit, des vêtements à l'uniforme du corps dans lequel ils accomplissent leur période d'instruction. Les effets qu'ils ont apportés leur sont rendus au moment du départ.

Tous les hommes de l'armée territoriale doivent être munis, pendant la période d'appel, des effets dont le détail suit :

Infanterie, génie (sapeurs-mineurs), sections de commis et ouvriers et d'infirmiers......................	Capote, veste ou tunique, Pantalon d'ordonnance, Képi.
Zouaves.........................	Veste et gilet, Pantalon de toile, Guêtres-jambières en drap, Chéchia avec gland.
Cavalerie, génie (sapeurs-conducteurs)...........................	Veste, tunique ou dolman, Pantalon de cheval, Képi (chéchia avec gland pour les chasseurs d'Afrique).

Artillerie et train.....	Hommes montés.	Veste ou dolman, Pantalon de cheval, Képi.
	Hommes non montés.	Veste ou dolman, Pantalon d'ordonnance, Képi.
Gendarmerie		Tunique, Pantalon d'ordonnance, Képi.

Tous les sous-officiers, caporaux et brigadiers fourriers reçoivent une tunique ou un dolman, suivant l'arme. Les képis délivrés aux sous-officiers de toutes armes sont pourvus de la fausse jugulaire en métal.

Indépendamment des effets ci-dessus, il est remis à chaque sous-officier, caporal ou brigadier, des effets de rechange de la collection d'instruction (1).

Les effets civils (à l'exclusion de la coiffure) apportés par les hommes non gradés leur sont laissés. Ces militaires peuvent, en cas de nécessité, être autorisés à les porter, mais seulement à l'intérieur des casernes et comme vêtements de rechange. Cette tolérance ne doit, dans aucune circonstance, être accordée aux gradés.

Les militaires du train des équipages sont habillés et équipés en hommes à cheval, dans la mesure des ressources de l'escadron dans lequel ils accomplissent leur période d'instruction.

Les territoriaux de toutes les régions convoqués à l'arrière-saison reçoivent toujours une capote ou un manteau en sus de la veste, de la tunique ou du dolman. La même mesure est appliquée, en toute saison, aux territoriaux convoqués dans les places de Montlouis, Prats-de-Mollo et Mende.

Elle peut l'être également dans d'autres cas, sur l'ordre du général commandant la brigade, qui est juge des circonstances dans lesquelles il est nécessaire de faire délivrer un double vêtement.

3° GRAND ÉQUIPEMENT.

Art. 28. Les hommes et les gradés de l'armée territoriale sont pourvus de tous les effets de grand équipement en rapport avec l'instruction militaire qui leur est donnée. Toutefois, ils ne reçoivent qu'une seule poche à cartouches ou cartouchière, ou giberne. Les hommes à pied de l'artillerie ne sont pourvus d'un havresac que si le général commandant la brigade le prescrit.

Le ceinturon d'épée délivré aux sergents-majors du génie est celui des sous-officiers de leur arme.

---

(1) En outre, lorsque les ressources du corps actif le permettront, le général commandant la brigade pourra autoriser la distribution d'effets de toile (bourgerons, pantalons).

2

Les cordons de trompette ou de clairon sont remplacés par des courroies en cuir.

Tous ces effets sont prélevés sur la collection d'instruction des unités actives, et, à défaut seulement, sur la collection d'extérieur.

4° Petit équipement et chaussure.

Art. 29. Les effets de cette nature à distribuer sont limités à une paire de chaussures, une paire de bretelles de pantalon, une chemise, un caleçon, une cravate de coton, une gamelle individuelle, une fourchette, une cuiller, un quart et un petit bidon avec sa courroie, pour chaque homme, ainsi qu'un jeu de brosses par groupe de quatre à cinq hommes.

Les chaussures des hommes de troupe à cheval doivent être pourvues d'éperons; ceux-ci sont posés par les soins des unités actives, qui les retirent au moment du départ de l'homme.

Tous ces effets sont fournis par les unités actives et prélevés sur la collection d'instruction.

Les hommes de l'armée territoriale sont libres de faire usage, pendant la période d'appel, des effets qu'ils apportent, mais ils n'ont droit, de ce chef, à aucune indemnité.

Lorsque la température l'exige, l'autorité militaire peut prescrire le port du couvre-nuque.

Cet effet est délivré par les unités actives.

En Afrique, le commandement est autorisé à faire distribuer des ceintures de laine, quand les conditions sanitaires rendent nécessaire le port de cet effet.

5° Effets de cuisine et de pansage.

Art. 30. Les unités actives, désignées par les chefs de corps, prêtent aux unités territoriales les bourgerons de toile, pantalons de toile, sacs à distribution, nécessaires pour le service des cuisines et des ordinaires, ainsi que les effets pour le pansage des chevaux, dans les corps de troupes à cheval.

6° Dispositions spéciales aux adjudants et assimilés.

Art. 31. Les adjudants reçoivent des effets de drap neufs ou très bons prélevés sur les approvisionnements des unités des corps actifs (collection de guerre ou de parade). Ces effets sont munis des galons de grade de l'arme, par les soins de ces unités.

Les adjudants des bataillons de zouaves sont, d'après les ordres du général commandant le corps d'armée où ils sont convoqués, soit laissés en possession de la tenue de leur arme, s'ils arrivent habillés, soit pourvus d'une tenue de sous-officier à l'uniforme du corps dans lequel ils sont appelés, s'ils arrivent sans être habillés.

Les médecins et pharmaciens auxiliaires sont pourvus de la même tenue que les adjudants, mais avec les insignes spéciaux du corps de santé.

Les effets de grand équipement distribués aux adjudants et assimilés sont choisis parmi ceux des collections d'instruction ou d'extérieur.

Ces sous-officiers conservent, s'ils le désirent, pendant la durée de la période d'appel, les effets de petit équipement et de chaussures qu'ils apportent. S'il est nécessaire de les pourvoir de ces effets, il leur en est délivré de neufs ou de très bons.

Tous les effets distribués aux adjudants et assimilés sont réintégrés à la fin de chaque période. Ils sont repris par les unités actives au classement bon.

Il est tenu compte à ces unités de la perte résultant de ce déclassement. Dans ce but, les fonds particuliers sont crédités par le fonds commun de la différence entre le prix de ces effets au classement neuf et leur prix au classement bon. Les conseils d'administration poursuivent ensuite, et dans la forme ordinaire, le remboursement de cette moins-value par le budget de l'habillement.

7° DISPOSITIONS SPÉCIALES AUX OFFICIERS ET ASSIMILÉS.

Habillement.

Art. 32. Il est délivré gratuitement des effets d'habillement en drap de sous-officier (dolman ou tunique, pantalon d'ordonnance et képi), ainsi qu'un ceinturon en cuir verni avec dragonne en cuir, aux officiers qui en font la demande.

Toutefois, la dragonne n'est pas délivrée aux officiers appartenant aux services dans lesquels cet insigne n'est pas réglementaire.

Les officiers qui ont servi dans l'armée active et ceux qui ont reçu l'indemnité de première mise d'équipement, comme officiers de réserve, n'ont pas droit à cette livraison à titre gratuit.

Les effets sont livrés neufs et sont prélevés sur les ressources de l'approvisionnement des corps actifs ou sur celles de la collection n° 1 (guerre et parade) des unités de ces corps. Le fonds commun ou les fonds particuliers, suivant le cas, sont remboursés de la valeur des effets, dans la forme ordinaire, par le budget de l'habillement.

Les effets ainsi délivrés sont inscrits, au moment de l'appel, sur le livret matricule de l'officier (feuillet de mutations). En outre, les corps actifs livranciers font connaître aux capitaines-majors subdivisionnaires et aux capitaines-majors régionaux les noms des officiers auxquels des effets ont été délivrés. Les corps et établissements qui ont fourni les effets les portent en sortie définitive dans leurs comptes.

Les officiers emportent ces effets après la période d'exercices ; ils sont tenus de les représenter en bon état aux appels suivants et de les conserver pendant tout le temps de service auquel ils sont astreints par la loi du recrutement.

Lorsqu'un officier est rayé des cadres, les effets qu'il a reçus sont réintégrés dans les magasins de l'Etat, à la diligence des capitaines-majors et par les soins de la gendarmerie. En cas de décès d'un officier, ses héritiers doivent opérer la réintégration de ses effets.

Toutefois, les officiers qui ont accompli le temps de service exigé par la loi conservent, de plein droit, les effets qu'ils ont reçus. (Décret du 14 janvier 1889, art. 197.)

Les dispositions qui précèdent sont applicables aux médecins, pharmaciens, vétérinaires, officiers d'administration, gardes d'artillerie, adjoints du génie, archivistes, etc., de l'armée territoriale.

Les officiers ayant droit à une tenue de sous-officier à titre gratuit, et qui le demanderont, pourront recevoir des effets confectionnés sur mesure en drap de tenue de ville de sous-officier rengagé (1) ; mais ils devront subir, sur leur solde, une retenue égale à la différence entre le prix de la tenue en drap de sous-officier rengagé et le prix de celle en drap de sous-officier non rengagé.

Le montant de cette retenue sera versé au fonds commun du corps actif.

La tenue en drap de sous-officier rengagé n'est pas due aux officiers déjà pourvus d'une tenue en drap de sous-officier non rengagé.

Une tenue en drap de sous-officier rengagé peut leur être délivrée, mais non échangée contre l'ancienne ; celle-ci sera conservée par l'officier et le prix de la tenue en drap fin de sous-officier rengagé sera entièrement à la charge de la partie prenante, qui en acquittera, directement et préalablement à la confection, le montant au profit du fonds commun des corps livranciers.

Les galons de grade, brides d'épaulettes, numéros brodés du corps territorial, collet brodé et boutons dorés sont apposés sur les effets aux frais des officiers. Ils supportent également la dépense résultant de l'échange des galons.

Pour permettre aux corps actifs d'assurer, en temps utile, l'habillement des officiers de l'armée territoriale, il est indispensable que les officiers convoqués, ayant droit à la délivrance d'effets, fassent connaître leurs besoins aux corps actifs, autant que possible un mois à l'avance, et leur envoient leurs mesures.

---

(1) Dans les troupes à pied, dont la tenue des officiers comprend le dolman, il sera confectionné un dolman et non une tunique.

8° Réintégration des effets et objets de toute nature.

Art. 33. Les effets et objets de toute nature sont réintégrés dans les conditions déterminées par l'article 75 du règlement du 16 novembre 1887-18 mars 1889.

Les commandants d'unités ou fractions d'unités territoriales sont astreints à faire eux-mêmes cette remise. Cette prescription doit être strictement appliquée.

9° Pertes ou dégradations.

Art. 34. Les commandants des unités territoriales sont responsables des pertes ou dégradations d'effets imputables à un manque de surveillance de leur part. Le montant de ces pertes est inscrit sur un bulletin d'imputation modèle n° 49 du décret du 14 janvier 1889 ; il sera versé à la masse d'habillement du corps actif (fonds particuliers ou fonds commun).

Lorsque la perte d'un effet provient du fait du détenteur, celui-ci peut être l'objet de l'une des mesures suivantes :

1° Peine disciplinaire déterminée par le général commandant le corps d'armée ou l'officier supérieur délégué, et subie dans un corps de l'armée active ;

2° Traduction devant un conseil de guerre.

Les pertes, mises hors de service et dégradations (réparables), provenant du fait des territoriaux, sont régularisées au moyen de procès-verbaux prescrits par l'article 176 du décret du 14 janvier 1889, dans lesquels les mots : « cas de force majeure » sont remplacés par ceux-ci : « résultant de l'appel des hommes de l'armée territoriale. »

Une expédition de ces procès-verbaux est remise aux corps actifs qui avaient fourni les effets perdus ou détériorés. Le fonds particulier des unités livrancières est immédiatement crédité par le fonds commun du montant des pertes ou dégradations. Les conseils d'administration en poursuivent ensuite le remboursement par le budget de l'habillement.

Il n'est pas établi de procès-verbaux pour la régularisation des dépenses provenant de la mise en état du matériel ayant servi aux territoriaux, lorsque les détériorations ne résultent pas d'un cas de force majeure.

10° Mode de justification d'effets délivrés.

Art. 35. Les corps territoriaux n'ont pas à tenir de comptabilité pour le service de l'habillement. Les effets ne sont délivrés qu'à titre de prêt aux commandants de compagnie, d'escadron, de batterie ou de section de l'armée territoriale par le corps de l'armée active. Les commandants de ces unités se bornent à signer les bons.

Ces bons ne sont que numériques.

11° Expériences d'habillement a faire pendant les convocations annuelles.

Art. 36. Afin de pouvoir vérifier si les lots destinés à l'habillement des unités territoriales sont composés d'effets correspondant à la taille des hommes, les généraux de brigade prescrivent, lorsqu'ils le jugent nécessaire, de faire des expériences pendant les périodes de convocation. Ils donnent à ce sujet des ordres au corps actif qui a les approvisionnements en charge, ainsi qu'aux unités territoriales appelées à essayer les effets.

Pour les expériences, on constitue des unités complétées à l'effectif de guerre, à l'aide des hommes convoqués, et on livre à chacune de ces unités un lot d'effets tel qu'il est préparé dans les magasins du corps (1).

Après la période d'appel, un rapport spécial, rédigé par le chef de corps de l'armée territoriale, est adressé au Ministre sous le timbre de l'état-major de l'armée (1er *Bureau*).

§ 7. — *Couchage.*

Art. 37. Les territoriaux, même non gradés, recevront toujours, pour leur couchage, à quelque époque de l'année qu'ils soient convoqués, lorsqu'ils seront casernés ou baraqués, les fournitures de soldat du service des lits militaires qui resteront disponibles après que tous les hommes de troupe de l'armée active casernés ou baraqués en auront été pourvus (instruction du 31 mars 1887, pour l'application de l'article 50 du règlement du 30 septembre 1886, et note ministérielle du 20 février 1890).

Cette distribution, toutefois, ne devra jamais être faite par prélèvement sur les fournitures de lit qui, d'après l'article 70 du règlement du 30 septembre 1886, doivent se trouver dans les magasins du service des lits militaires pour cause de réparation périodique ou accidentelle.

Il est formellement interdit de dédoubler les fournitures des lits militaires pour le couchage des hommes de l'armée territoriale.

En cas d'insuffisance de couchettes ou de châlits, les paillasses sont placées directement sur le plancher.

A défaut de fournitures des lits militaires, les territoriaux casernés ou baraqués utilisent, pour leur usage, les couchettes et châlits laissés à demeure par l'armée active dans les casernes ou

---

(1) Il est **bien** entendu qu'il s'agit d'un simple essayage de ces effets et que, conséquemment, ils **ne** doivent pas être portés par les hommes.

baraques qu'ils viennent occuper. Leur couchage est assuré au moyen de fournitures auxiliaires de campement composées chacune d'une enveloppe de paillasse, d'une enveloppe de traversin, d'un sac de couchage et d'une grande et d'une petite couverture.

La paille de couchage est délivrée par les soins du service de l'habillement et du campement, à raison de :

10 kilog. par paillasse ;
2 kilog. par traversin.

Les corps perçoivent cette paille sur un extrait de l'état d'effectif arrêté par le sous-intendant militaire pour le nombre d'hommes annoncé. Toutefois, comme ce nombre d'hommes peut ne pas être atteint, une partie de la paille (6 p. 100 des quantités totales allouées) n'est pas distribuée, afin que le sous-intendant militaire puisse lui donner une destination ultérieure, si elle n'est pas utilisée.

La paille de couchage est renouvelée intégralement pour chaque série d'appel.

A défaut de grandes couvertures, on fait emploi d'un nombre double de petites couvertures.

Lorsque l'état de la température l'exige, la composition des fournitures auxiliaires de couchage peut être améliorée de la manière suivante :

Si les châlits font défaut, ces fournitures sont isolées, soit au moyen de paillassons dont la confection est prescrite par la note ministérielle du 20 mars 1891 (*Bulletin officiel*, partie réglementaire, n° 20) ; s'il n'existe pas de paillassons, au moyen d'une allocation supplémentaire de paille calculée à raison de 2 kilog. 500 par fourniture.

Les commandants de corps d'armée restent juges de l'opportunité de ces distributions supplémentaires de couvertures et de paille de couchage.

Les intendants militaires donnent aux corps de troupe telles instructions qu'ils jugent convenables pour que, conformément aux dispositions de la circulaire du 13 janvier 1880, il soit tiré le meilleur parti possible de la paille provenant des paillasses et des traversins, à la fin de chaque série d'appel.

Les effets de couchage auxiliaire sont réintégrés conformément aux règles indiquées par l'instruction du 2 mai 1884 et complétées par la note du 2 février 1888. Cette réintégration est faite par les commandants d'unités ou fractions d'unités territoriales, comme il est prescrit pour les effets d'habillement.

§ 8. — *Eclairage des escaliers et des corridors des casernes.*

Art. 38. L'éclairage des escaliers et corridors des casernes dans lesquelles sont logées les troupes de l'armée territoriale est assuré par les soins et aux frais de l'armée active (masse du harnachement et ferrage).

§ 9. — *Ordinaires.*

Art. 39. Le chef de corps ou de détachement de l'armée territoriale détermine, d'après les ressources locales, comment les sous-officiers doivent vivre. Si une pension ne peut être constituée, il règle le nombre d'ordinaires de sous-officiers à former pour l'ensemble, en tenant compte de la contenance des marmites mises à sa disposition.

Les hommes de troupe vivent à l'ordinaire. Il est tenu dans chaque unité un ordinaire qui est dirigé, tenu et surveillé, conformément aux prescriptions du règlement du 23 octobre 1887, sur la gestion des ordinaires de la troupe. Les effets de cuisine, les ustensiles de cuisine et ceux nécessaires pour les chambrées, dont l'énumération se trouve à l'article 40 dudit règlement, sont prêtés par les unités actives désignées par les chefs de corps.

Les unités territoriales n'ont donc à faire, pour le fonctionnement des ordinaires, d'autres achats que ceux concernant les denrées de diverses natures, le chauffage leur étant fourni par les corps actifs.

Pour indemniser les unités actives de l'achat, de l'entretien et de l'usure des différents ustensiles, les unités territoriales versent, dans la caisse du corps actif, une somme prélevée sur les recettes des ordinaires fixée à 0 fr. 50 par homme convoqué comptant à l'effectif, sous-officiers non compris.

Les chefs de corps répartissent cette somme entre les fonds particuliers et les fonds des ordinaires des différentes unités, qui auront fourni des effets, objets, etc.

Toutes les fois qu'il y a possibilité et avantage pour les ordinaires de l'armée territoriale, on les fait participer aux marchés passés pour les ordinaires de l'armée active. A cet effet, une mention spéciale est inscrite dans les marchés.

§ 10. — *Surveillance administrative et arrêté des comptes.*

Surveillance administrative.

Art. 40. L'administration et la comptabilité des corps de troupe de l'armée territoriale sont soumises à la surveillance de l'intendance militaire.

Les fonds, les registres et les pièces à l'appui sont représentés aux fonctionnaires de l'intendance toutes les fois qu'ils les requièrent pour leur vérification.

Situations administratives.

Art. 41. Contrairement aux dispositions de l'article 96 du décret du 29 mai 1890, les situations administratives doivent être renvoyées, sans délai, aux corps pour leur permettre de clore leur comptabilité en temps utile.

Arrêté des comptes par le sous-intendant militaire.

Art. 42. Dès que la période d'instruction est terminée, le sous-intendant militaire ayant la surveillance administrative du corps de l'armée territoriale procède, sans aucun retard, à l'arrêté de la comptabilité de ce corps.

Dès que le décompte de libération est établi, si la revue de liquidation fait constater des trop perçus dont le montant excède le restant en caisse déjà versé au Trésor, le conseil d'administration responsable est mis en demeure d'opérer le remboursement à l'État de cet excédent.

Destination des registres et documents de comptabilité.

Art. 43. Les registres et documents sont remis ou envoyés, après avoir été arrêtés comme il est dit ci-dessus, savoir :

Les registres et pièces à l'appui, au capitaine-major subdivisionnaire pour les régiments d'infanterie et au capitaine-major régional pour les autres armes. Toutefois, les registres et documents de comptabilité des escadrons de cavalerie, des batteries d'artillerie et des compagnies du train des équipages sont pris en charge par les unités de l'armée active qui ont concouru à leur instruction, chaque fois que le lieu de mobilisation est en même temps le lieu désigné pour les réunions d'exercices du temps de paix de ces escadrons, batteries ou compagnies.

Les minutes des feuilles de journées et les pièces à l'appui sont conservées dans les archives du sous-intendant militaire qui a établi la revue.

§ 11. — *Dispositions particulières aux escadrons territoriaux de cavalerie.*

Art. 44. Par modification à l'article 16 de l'arrêté ministériel du 30 mai 1884, relatif à l'organisation et au fonctionnement des escadrons territoriaux de cavalerie, il ne sera plus établi de revues de liquidation distinctes pour les escadrons convoqués. Les corps actifs chargés de leur administration se conformeront aux dispositions suivantes :

La solde nécessaire pour assurer le paiement du prêt sera prélevée sur les ressources de la caisse du corps actif jusqu'à l'établissement du plus prochain état de solde. La perception à faire pour ces escadrons figurera, au *recto* de cet état, au titre : « Augmentations », avec le détail des effectifs qui motivent la perception. Ce ne sera qu'en cas d'insuffisance de ressources pour assurer le paiement du prêt que le corps actif établira un état de solde supplémentaire. Il en sera de même pour le paiement du traitement des officiers.

La feuille de journées du chauffage fera ressortir, à l'arrêté, la somme incombant à l'armée territoriale, ainsi qu'il est dit au § 5 ci-dessus.

Afin de permettre au trésorier du corps actif d'établir les états comparatifs en temps opportun pour régler les trop perçus avec les commandants d'unités, il sera établi des bordereaux récapitulatifs distincts pour les feuilles de prêt concernant ces escadrons. Il en sera de même de la feuille d'émargement pour le paiement du traitement des officiers.

Comme conséquence de ces dispositions, le moins perçu pour la troupe, qui résultera du droit constaté par les feuilles de journées comparé aux perceptions faites sur feuilles de prêt, sera repris au profit du Trésor, par diminution au tableau n° 4 de la revue trimestrielle de liquidation des corps actifs, en en expliquant les motifs.

Le trop ou moins perçu qui ressortira du décompte de libération de la revue du corps actif sera considéré comme applicable à ce corps et, conséquemment, porté en diminution ou en augmentation sur le premier état de solde qui sera établi pour ses propres besoins.

§ 12. — *Dispositions particulières aux régiments mixtes d'infanterie.*

Art. 45. Les unités de l'armée territoriale entrant dans la composition du régiment mixte d'infanterie seront administrées par le régiment subdivisionnaire auquel appartient le quatrième bataillon. Conséquemment, il ne sera pas formé de conseil pour l'administration des régiments mixtes d'infanterie.

Pour la perception et le paiement de la solde et la régularisation des comptes, il sera procédé ainsi qu'il est dit au paragraphe qui précède pour les escadrons territoriaux de cavalerie.

§ 13. — *Dispositions finales.*

Art. 46. — Les modèles n°ˢ 2, 3, 4, 5 et 6 ci-annexés remplaceront, pour les unités de l'armée territoriale, les modèles actuellement en usage (1).

---

(1) Les corps qui ne pourront être pourvus des nouveaux modèles pour la première période d'instruction utiliseront les modèles actuellement en usage.

Ces modèles sont applicables aussi bien aux unités administrées par les régiments actifs qu'à celles administrées par un conseil d'administration ou un commandant de l'armée territoriale.

Le modèle n° 1 reste en vigueur.

Art. 47. L'instruction du 12 février 1878 sur l'administration des corps de troupe de l'armée territoriale, est abrogée.

Art. 48. En temps de guerre, l'armée territoriale est administrée d'après les règles déterminées pour l'armée active, conformément à l'article 35 de la loi du 24 juillet 1873.

Art. 49. La présente instruction, applicable en temps de paix, entre en vigueur à dater de ce jour.

Paris, le 7 mai 1891.

Le Président du conseil, Ministre de la guerre,

Signé : C. DE FREYCINET.

MODÈLES

ᵉ CORPS D'ARMÉE.

—

DÉPARTEMENT

d

—

SUBDIVISION DE RÉGION

d

INDEMNITÉ DE ROUTE.

—

BUREAU DE RECRUTEMENT D

ARMÉE TERRITORIALE.

—

Modèle nᵒ 1

annexé à l'instruction ministérielle du 7 mai 1891.

FORMAT : 0ᵐ,315 sur 0ᵐ,210.

ETAT récapitulatif des listes nominatives destinées à servir au payement de l'indemnité de route des hommes de l'armée territoriale convoqués pour exercices, qui doivent se présenter au bureau de recrutement désigné ci-dessus, pour être, de là, dirigés sur les lieux de réunion.

DÉSIGNATION DES CORPS.	MONTANT DE CHAQUE LISTE.	OBSERVATIONS.
TOTAL.....		

CERTIFIÉ le présent état récapitulatif montant à la somme de   .

A   , le   189   .

Le Commandant du bureau de recrutement,

Nᵒ   d'enregistrement
au registre de route.

MANDAT { La somme de   formant le montant du présent état récapitulatif, sera payée, par M. le Trésorier-payeur général de   à M.   commandant le bureau de recrutement et sur son acquit.

DÉLIVRÉ à   le   189   .

Le Sous-Intendant militaire,

PÉRIODE
D'INSTRUCTION
du   au   18 .

(1) Effets, objets, ustensiles, etc., armes.
(2) Indiquer le corps ou
la fraction de corps qui dé-
livre les objets, etc.

Désigner... le corps...............

le bataillon, la compa-
gnie, l'escadron ou
la batterie........

ARMÉE TERRITORIALE.
—
Modèle n° 2.
annexé
à l'instruction minist.
du 7 mai 1891.
—
Pour toutes armes.

FORMAT :

Hauteur......... $0^m,200$.
Largeur .... $0^m,300$.

BON NUMÉRIQUE (1)

DÉSIGNATION DES EFFETS, ETC.	QUANTITÉS.	
	EN CHIFFRES.	EN TOUTES LETTRES.

Reçu de (2)
de (1)   les quantités
énoncées ci-dessus.
A   , le   180 -
Le Capitaine,

SOLDE
et
ACCESSOIRES DE SOLDE.

—

PRÊT

du   au   189 .

Désigner { le corps..... { le bataillon, la compagnie, l'escadron ou la batterie. {

ARMÉE TERRITORIALE.

—

MODÈLE N° 3,
annexé à l'instruction ministérielle du 7 mai 1891.

—

Pour toutes armes.

FORMAT :
Hauteur........ .... 0ᵐ,280
Largeur 0ᵐ,220

FEUILLE DE PRÊT du *au* 189 .

GRADES.	NOMBRE d'hommes présents au 189	de jours de présence.	DÉCOMPTE EN DENIERS de la SOLDE DE PRÉSENCE.	En remplacement de viande fraîche. (1) Nombre de journées.	Décompte en deniers.	(1) Nombre de journées.	Décompte en deniers.	(1) Nombre de journées.	Décompte en deniers.	TOTAL GÉNÉRAL des DÉCOMPTES EN DENIERS.
Adjudant.......... col. 2 (2)										
Sergent-major...... }										
Maréchal des logis } col. 3										
chef............ }										
Sergent et sergent } fourrier .... }										
Maréchal des logis } col. 4 et maréchal des logis fourrier.... }										
Caporal fourrier.... } col. 5 Brigadier fourrier.. }										
Caporal............ } col. 6 Brigadier.......... }										
Soldat { à pied...... col. 7 (3) { à cheval.... col. 8										
TOTAUX.........	—	—	—	—	—	—	—	—	—	

Augmentations d'après les mutations du   au   (voir au verso).

Ensemble......... ....

Diminutions d'après les mutations du   au   (voir au verso).

Montant de la feuille de prêt............

(1) Indiquer la nature de l'indemnité.

(2) Ces numéros correspondent à ceux de la situation administrative et de la feuille de journées où sont inscrites les journées de solde correspondantes.

(3) Les tambours et clairons des corps d'infanterie et du génie et les trompettes de l'artillerie à pied, qui n'ont droit qu'à la solde à pied, figurent ici.

CERTIFIÉ par nous, capitaine commandant l'unité, la présente feuille de prêt montant à la somme de

dont quittance.

A   , le   189 .

3

Mutations du   au   189   inclus et décompte y relatif.

NUMÉROS MATRICULES.	NOMBRE D'HOMMES par grade ayant fait la même mutation.	MUTATIONS.	NOMBRE DE JOURNÉES.						MONTANT DU DÉCOMPTE en deniers à porter d'autre part.
			de solde de présence.	en remplacement de viande fraîche.	D'INDEMNITÉS				
					(1)	(1)	(1)		
		AUGMENTATIONS :							
		TOTAL des augmentations............							
		DIMINUTIONS :							
		TOTAL des diminutions.............							

ANNÉE 189 .

PÉRIODE D'INSTRUCTION

du   au

Désigner {
le corps.....
le bataillon,
la compagnie,
l'escadron
ou la batterie

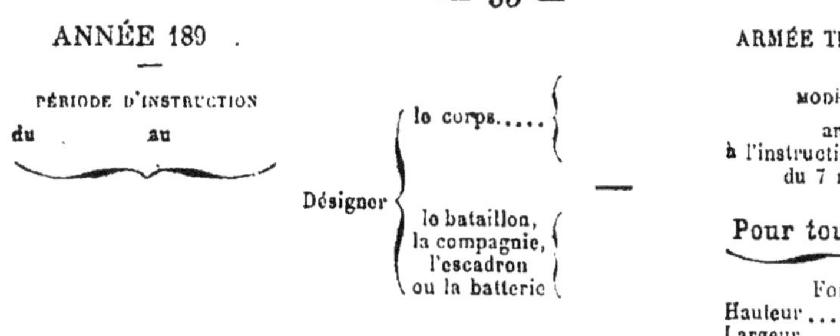

ARMÉE TERRITORIALE.

MODÈLE N° 4,
annexé
à l'instruction ministérielle
du 7 mai 1891.

Pour toutes armes.

FORMAT :
Hauteur........ 0^m,315.
Largeur. .... 0^m,210.

ÉTAT PRÉSENTANT :

1° *Le contrôle nominatif des officiers, sous-officiers, caporaux ou brigadiers et soldats ayant compté à l'effectif pendant ladite période d'instruction ; indiquant, en outre, les armes qui ont été distribuées ;*

2° *L'enregistrement des situations et mutations journalières ;*

3° *L'enregistrement de la solde de la troupe et des rations diverses perçues.*

Instruction pour la tenue du présent état.

1° *Contrôle.* — Tous les militaires comptant à l'effectif soldé y figurent ainsi que les chevaux que les officiers ont été autorisés à emmener.

Les hommes de troupe sont inscrits par grade ou emploi et, dans chaque grade ou emploi, par numéro matricule.

On laisse vacant, après chaque grade, un nombre de cases suffisant pour l'inscription des retardataires.

On indique par le chiffre 1 l'arme de chaque nature dont l'homme est détenteur.

2° *Enregistrement des situations et mutations journalières.* — L'effectif des présents à inscrire journellement ne doit comprendre que les hommes qui ont eu droit, pour cette journée, à la solde de présence à l'unité.

Le total des présents de la situation militaire et celui de la situation administrative (modèle n° 5) produites au même rapport, pour la journée de la veille, doivent présenter une corrélation absolue.

3° *Solde de la troupe et rations diverses perçues.* — Les prestations en deniers et en nature sont inscrites au fur et à mesure des perceptions et totalisées à la fin de la période d'instruction. Le capitaine, après avoir arrêté la feuille de journées, inscrit les allocations au-dessous des totaux relatifs aux perceptions et opère la balance des unes avec les autres pour faire ressortir les trop ou les moins perçus.

NOTA. — Le présent état est utilisé par les trésoriers pour le contrôle nominatif des officiers de l'état-major et pour les chevaux qu'ils auraient été autorisés à emmener avec eux.

| OFFICIERS. | | | CHEVAUX EMMENÉS PAR LES OFFICIERS. | |
NOMS.	GRADES et emplois.	MUTATIONS.	SIGNALEMENT sommaire.	MUTATIONS.

nominatif.

NUMÉROS matricules.	NOMS.	GRADES et emplois.	MUTATIONS.	Fusil.	Carabine.	Mousqueton.	Revolver.		Sabre.	Épée.		
TROUPE.				ARMES PORTATIVES DISTRIBUÉES AUX HOMMES.								
				Armes à feu.					Armes blanches.			

3.

2° *Situation et mutations journalières.*

NOTA. — Pour la troupe, les grades sont inscrits à la main selon l'arme.

MOIS et DATES.	OFFICIERS						EFFECTIF DES OFFICIERS.	TROUPE						Total des présents.	A l'hôpital.	Total.	EFFECTIF DE LA TROUPE.	MUTATIONS numériques.
	PRÉSENTS.				A l'hôpital.	AB-SENTS		PRÉSENTS.							ABSENTS.			
	Capitaines.	Lieutenants.	Sous-lieutenants.	Total.														

3° *Solde de la troupe et rations diverses perçues.*

DATES DES FEUILLES DE PRÊT ou des bons.	SOMMES REÇUES pour solde de la troupe.	VIVRES.		FOUR-RAGES.		DATES DES FEUILLES DE PRÊT ou des bons.	SOMMES REÇUES pour solde de la troupe.	VIVRES.		FOUR-RAGES.	
		Vivres-pain.						Vivres-pain.			
						Report..					
						Totaux..					
						Alloca-tions....					
A repor-ter....						Reçu : en trop.. en moins.					

ARMÉE TERRITORIALE.

MODÈLE Nº 5,

annexé à l'instruction ministérielle du 7 mai 1891.

POUR TOUTES ARMES.

FORMAT :

Hauteur 0ᵐ,180
Largeur 0ᵐ,230

Désigner { le corps. / le bataillon, la compagnie, l'escadron ou la batterie. }

SITUATION ADMINISTRATIVE.

présentant, par fixation de solde, l'effectif des présents à la date du   *, ainsi que les mutations*
qui ont modifié l'effectif de la veille dudit jour

NOTA. — La situation remise chaque jour au rapport du matin fait connaître l'effectif des présents de la veille : elle donne les mutations qui ont modifié, pour cette journée, les droits aux allocations.

PRÉSENTS.	Adjudant.	Sergent-major, maréchal des logis chef.	Sergent et sergent fourrier, maréchal des logis et maréchal des logis fourrier.	Caporal fourrier, brigadier fourrier	Caporal, brigadier.	SOLDAT			TOTAL DES JOURNÉES de présence.	CHEVAUX PRÉSENTS appartenant aux officiers.	
						à pied.	à cheval.				
1	2	3	4	5	6	7	8	9	10	11	12
De l'unité.											

Observations : Les tambours et clairons des corps d'infanterie et du génie et les trompettes de l'artillerie à pied, qui reçoivent la solde à pied, figurent dans la colonne 7.

<table>
<tr><td colspan="4" align="center">MUTATIONS AFFECTANT L'EFFECTIF DES PRÉSENTS
DU (1)</td></tr>
<tr><td>NUMÉROS matricule.</td><td align="center">NOMS.</td><td align="center">GRADES
et
EMPLOIS.</td><td align="center">MUTATIONS.
—
Nota. — Les officiers figurent en tête de ce tableau, quand ils ont fait mutation.</td></tr>
<tr><td></td><td></td><td></td><td></td></tr>
</table>

(1) Veille du jour de la date de la situation.

(2) Indiquer la fraction de corps.

(3) Date du rapport où la situation est produite.

Certifié par nous commandant (2)

A   , le (3)   189   .

Vérifié par nous, Sous-Intendant militaire, la présente situation de laquelle il résulte que le total des journées de présence s'élève :

Pour les hommes de l'unité à

Pour les chevaux à

A   , le   189   .

Observations. — La situation produite pour le jour de l'entrée en solde des hommes et celle établie pour le jour du départ, présentent numériquement l'effectif par grade.

• CORPS D'ARMÉE.

DÉPARTEMENT

d

PLACE d

PÉRIODE D'INSTRUCTION

du   au

(1) Caporaux ou brigadiers.

Arme...{

Désigner {le corps.....{
le bataillon, la
compagnie.
l'escadron ou
la batterie.

ARMÉE TERRITORIALE.

MODÈLE N° 6,

annexé
à l'instruction ministérielle
du 7 mai 1891.

Pour toutes armes.

FORMAT : 0ᵐ,315 sur 0ᵐ,210.

*FEUILLE DE JOURNÉES NUMÉRIQUE présentant journellement
les allocations en deniers auxquelles ont eu droit, pendant la
période d'instruction du   au   189 ,
les sous-officiers (1)   et soldats de ladite unité, ainsi que
les allocations en nature attribuées aux mêmes militaires.*

OBSERVATIONS

POUR LA TENUE DE LA FEUILLE DE JOURNÉES NUMÉRIQUE.

Les militaires ont droit aux allocations le jour du départ pour rentrer dans leurs foyers, si ce départ a lieu après le repas du matin. (Article 10, tableau 1, position 54 du décret du 29 mai 1890.)

Aux termes de l'article 23 du décret précité sur la solde et les revues, les militaires qui entrent à l'hôpital après avoir pris le repas du matin ont droit : à la solde proprement dite ; à la demi-indemnité de viande, à la demi-indemnité représentative de riz et de sel ; à la demi-ration de pain ; à la ration qui leur est normalement allouée en sucre et café.

Pour l'exécution de cette disposition, les hommes seront compris sur la feuille de journées numérique, pour les allocations de la journée entière, mais les demi-indemnités ou rations allouées ainsi en trop seront portées en diminution.

ALLOCATIONS EXTRAORDINAIRES.

1° *Indemnités.*

(2)

En
rempla-
cement {
de viande fraîche.... }
de riz, légumes et sel. }
de vin............... }
d'eau-de-vie......... }

2° *Fournitures en nature.*

Sucre et café............... }

(2) Indiquer la nature de l'indemnité.

(1) Indiquer la nature de l'indemnité.

MOIS et DATES.	JOURNÉES DE SOLDE DE PRÉSENCE								TOTAL DES JOURNÉES DE PRÉSENCE.	INDEMNITÉS										NOMBRE DE RATIONS DE							Infirmiers recevant les vivres d'hôpital.
	Adjudant.	Serg.-major, mar. des logis chef.	Serg. et serg. fourr., mar. des log. et mar. des log. fourrier.	Caporal fourrier, brigad. fourrier.	Caporal, brigadier.	Soldat à pied.	Soldat à cheval.			(1)			EN REMPLACEMENT							Vivres-pain.		sucre et café (avec percolateur.)			Sucre et café, vin ou eau-de-vie (Algérie).	Fourrages.	
										Adjudant.	Sous-off. des autres grades.	Capor. ou brig. et sold.	de viande fraîche à	à	Riz, légumes, sel (Algérie).	Vin à	à	Eau-de-vie à	à								
1	2	3	4	5	6	7	8	9	10	11	12	13	14	15	16	17	18	19	20	21	22	23	24	25	26	27	28
TOTAUX.																											
Augmentations :																											
TOTAUX. Diminutions :																											
RESTE.																											

DÉCOMPTE EN DENIERS DES ALLOCATIONS DE SOLDE ET DES INDEMNITÉS.

GRADES.	Journées de solde de présence.	Décompte en deniers des journées de solde et des indemnités.	OBSERVATIONS.
§ 1er. — *Solde* (1).			*Explications.*
			Sur les différences en plus ou en moins qui résultent de la comparaison des journées de présence avec le nombre de rations de vivres-pain alloué par la présente feuille.
TOTAUX..................			Nombre de journées de présence.....................
			A augmenter :
	Nombre de journées.	Décompte en deniers.	TOTAL..............
§ 2. — *Indemnités.*			A diminuer :
(2) { Adjudants...............			RESTE...............
Sous-officiers des autres grades			Nombre de rations de vivres-pain alloué par la présente feuille ....
Caporaux ou brigadiers et soldats...............			
En remplacement { de viande fraîche { à 0, .. / à 0, ..			Différence... { en plus...... / en moins......
de riz, légumes et sel (Algérie).............			
de vin .... { à 0, .. / à 0, ..			*Motifs du trop ou moins perçu.*
d'eau-de-vie ... { à 0, .. / à 0, ..			
TOTAL formant le crédit du capitaine commandant.			

(1) Indiquer à la main, selon l'arme, les grades portés aux colonnes 2 à 8 du tableau ci-contre.
(2) Indiquer la nature de l'indemnité.

CERTIFIÉ par nous, capitaine commandant, la présente feuille de journées, de laquelle il résulte :

1° Que le décompte des allocations en deniers s'élève à la somme de

2° Que les allocations en nature se montent à :

rations de vivres-pain ;
idem
idem   de sucre et café avec percolateur ;
idem
idem
idem   de sucre et café, vin ou eau-de-vie (Algérie) ;
idem
idem   de fourrages à la composition de :
     foin ;
     paille ;
     avoine.

A   , le   189   .

CERTIFIÉ l'exactitude des inscriptions et celle des décomptes.

Le Trésorier,

VU ET VÉRIFIÉ :

Le Sous-Intendant militaire,

Paris et Limoges. — Imprimerie militaire Henri CHARLES-LAVAUZELLE.

Paris et Limoges. — Imprimerie militaire Henri CHARLES-LAVAUZELLE.